# Profesora.

LIBRO DE REGISTRO DE COMUNICACIONES

**NOMBRE** _____

**COLEGIO** _____

**AÑO** _____

# INFORMACIÓN DEL CONTACTO

Alumna/Alumno

Fecha de nacimiento

Nombre del padre

teléfono de contacto

Email de contacto

Nombre del madre

teléfono de contacto

Email de contacto

Contacto de emergencia no. 1: nombre y parentesco — teléfono de contacto

Contacto de emergencia no. 2: nombre y parentesco — teléfono de contacto

Información médica

Otros detalles e información

# INFORMACIÓN DEL CONTACTO

Alumna/Alumno

Fecha de nacimiento

Nombre del padre

teléfono de contacto

Email de contacto

Nombre del madre

teléfono de contacto

Email de contacto

Contacto de emergencia no. 1: nombre y parentesco — teléfono de contacto

Contacto de emergencia no. 2: nombre y parentesco — teléfono de contacto

Información médica

Otros detalles e información

## INFORMACIÓN DEL CONTACTO

Alumna/Alumno

Fecha de nacimiento

Nombre del padre

teléfono de contacto

Email de contacto

Nombre del madre

teléfono de contacto

Email de contacto

Contacto de emergencia no. 1: nombre y parentesco — teléfono de contacto

Contacto de emergencia no. 2: nombre y parentesco — teléfono de contacto

Información médica

Otros detalles e información

## INFORMACIÓN DEL CONTACTO

Alumna/Alumno

Fecha de nacimiento

Nombre del padre

teléfono de contacto

Email de contacto

Nombre del madre

teléfono de contacto

Email de contacto

Contacto de emergencia no. 1: nombre y parentesco — teléfono de contacto

Contacto de emergencia no. 2: nombre y parentesco — teléfono de contacto

Información médica

Otros detalles e información

# INFORMACIÓN DEL CONTACTO

Alumna/Alumno

Fecha de nacimiento

Nombre del padre

teléfono de contacto

Email de contacto

Nombre del madre

teléfono de contacto

Email de contacto

Contacto de emergencia no. 1: nombre y parentesco — teléfono de contacto

Contacto de emergencia no. 2: nombre y parentesco — teléfono de contacto

Información médica

Otros detalles e información

# INFORMACIÓN DEL CONTACTO

Alumna/Alumno: 

Fecha de nacimiento: 

Nombre del padre: 

teléfono de contacto: 

Email de contacto: 

Nombre del madre: 

teléfono de contacto: 

Email de contacto: 

Contacto de emergencia no. 1: nombre y parentesco | teléfono de contacto

Contacto de emergencia no. 2: nombre y parentesco | teléfono de contacto

Información médica

Otros detalles e información

# INFORMACIÓN DEL CONTACTO

Alumna/Alumno

Fecha de nacimiento

Nombre del padre

teléfono de contacto

Email de contacto

Nombre del madre

teléfono de contacto

Email de contacto

Contacto de emergencia no. 1: nombre y parentesco       teléfono de contacto

Contacto de emergencia no. 2: nombre y parentesco       teléfono de contacto

Información médica

Otros detalles e información

# INFORMACIÓN DEL CONTACTO

Alumna/Alumno

Fecha de nacimiento

Nombre del padre

teléfono de contacto

Email de contacto

Nombre del madre

teléfono de contacto

Email de contacto

Contacto de emergencia no. 1: nombre y parentesco — teléfono de contacto

Contacto de emergencia no. 2: nombre y parentesco — teléfono de contacto

Información médica

Otros detalles e información

## 🏫 INFORMACIÓN DEL CONTACTO

Alumna/Alumno: _____

Fecha de nacimiento: _____

Nombre del padre: _____

teléfono de contacto: _____

Email de contacto: _____

Nombre del madre: _____

teléfono de contacto: _____

Email de contacto: _____

Contacto de emergencia no. 1: nombre y parentesco _____   teléfono de contacto _____

Contacto de emergencia no. 2: nombre y parentesco _____   teléfono de contacto _____

Información médica

## Otros detalles e información

# INFORMACIÓN DEL CONTACTO

Alumna/Alumno:

Fecha de nacimiento:

Nombre del padre:

teléfono de contacto:

Email de contacto:

Nombre del madre:

teléfono de contacto:

Email de contacto:

Contacto de emergencia no. 1: nombre y parentesco — teléfono de contacto

Contacto de emergencia no. 2: nombre y parentesco — teléfono de contacto

Información médica

Otros detalles e información

# INFORMACIÓN DEL CONTACTO

Alumna/Alumno

Fecha de nacimiento

Nombre del padre

teléfono de contacto

Email de contacto

Nombre del madre

teléfono de contacto

Email de contacto

Contacto de emergencia no. 1: nombre y parentesco — teléfono de contacto

Contacto de emergencia no. 2: nombre y parentesco — teléfono de contacto

Información médica

Otros detalles e información

# INFORMACIÓN DEL CONTACTO

Alumna/Alumno: _____

Fecha de nacimiento: _____

Nombre del padre: _____

teléfono de contacto: _____

Email de contacto: _____

Nombre del madre: _____

teléfono de contacto: _____

Email de contacto: _____

Contacto de emergencia no. 1: nombre y parentesco _____ teléfono de contacto _____

Contacto de emergencia no. 2: nombre y parentesco _____ teléfono de contacto _____

Información médica
_____

Otros detalles e información

# INFORMACIÓN DEL CONTACTO

Alumna/Alumno

Fecha de nacimiento

Nombre del padre

teléfono de contacto

Email de contacto

Nombre del madre

teléfono de contacto

Email de contacto

Contacto de emergencia no. 1: nombre y parentesco — teléfono de contacto

Contacto de emergencia no. 2: nombre y parentesco — teléfono de contacto

Información médica

## Otros detalles e información

# INFORMACIÓN DEL CONTACTO

Alumna/Alumno

Fecha de nacimiento

Nombre del padre

teléfono de contacto

Email de contacto

Nombre del madre

teléfono de contacto

Email de contacto

Contacto de emergencia no. 1: nombre y parentesco — teléfono de contacto

Contacto de emergencia no. 2: nombre y parentesco — teléfono de contacto

Información médica

Otros detalles e información

## INFORMACIÓN DEL CONTACTO

Alumna/Alumno

Fecha de nacimiento

Nombre del padre

teléfono de contacto

Email de contacto

Nombre del madre

teléfono de contacto

Email de contacto

Contacto de emergencia no. 1: nombre y parentesco     teléfono de contacto

Contacto de emergencia no. 2: nombre y parentesco     teléfono de contacto

Información médica

Otros detalles e información

# INFORMACIÓN DEL CONTACTO

Alumna/Alumno

Fecha de nacimiento

Nombre del padre

teléfono de contacto

Email de contacto

Nombre del madre

teléfono de contacto

Email de contacto

Contacto de emergencia no. 1: nombre y parentesco — teléfono de contacto

Contacto de emergencia no. 2: nombre y parentesco — teléfono de contacto

Información médica

Otros detalles e información

# INFORMACIÓN DEL CONTACTO

Alumna/Alumno:

Fecha de nacimiento:

Nombre del padre:

teléfono de contacto:

Email de contacto:

Nombre del madre:

teléfono de contacto:

Email de contacto:

Contacto de emergencia no. 1: nombre y parentesco — teléfono de contacto

Contacto de emergencia no. 2: nombre y parentesco — teléfono de contacto

Información médica

Otros detalles e información

## INFORMACIÓN DEL CONTACTO

Alumna/Alumno

Fecha de nacimiento

Nombre del padre

teléfono de contacto

Email de contacto

Nombre del madre

teléfono de contacto

Email de contacto

Contacto de emergencia no. 1: nombre y parentesco  teléfono de contacto

Contacto de emergencia no. 2: nombre y parentesco  teléfono de contacto

Información médica

Otros detalles e información

# INFORMACIÓN DEL CONTACTO

Alumna/Alumno

Fecha de nacimiento

Nombre del padre

teléfono de contacto

Email de contacto

Nombre del madre

teléfono de contacto

Email de contacto

Contacto de emergencia no. 1: nombre y parentesco — teléfono de contacto

Contacto de emergencia no. 2: nombre y parentesco — teléfono de contacto

Información médica

Otros detalles e información

## INFORMACIÓN DEL CONTACTO

Alumna/Alumno

Fecha de nacimiento

Nombre del padre

teléfono de contacto

Email de contacto

Nombre del madre

teléfono de contacto

Email de contacto

Contacto de emergencia no. 1: nombre y parentesco — teléfono de contacto

Contacto de emergencia no. 2: nombre y parentesco — teléfono de contacto

Información médica

Otros detalles e información

## INFORMACIÓN DEL CONTACTO

Alumna/Alumno

Fecha de nacimiento

Nombre del padre

teléfono de contacto

Email de contacto

Nombre del madre

teléfono de contacto

Email de contacto

Contacto de emergencia no. 1: nombre y parentesco        teléfono de contacto

Contacto de emergencia no. 2: nombre y parentesco        teléfono de contacto

Información médica

Otros detalles e información

# INFORMACIÓN DEL CONTACTO

Alumna/Alumno

Fecha de nacimiento

Nombre del padre

teléfono de contacto

Email de contacto

Nombre del madre

teléfono de contacto

Email de contacto

Contacto de emergencia no. 1: nombre y parentesco — teléfono de contacto

Contacto de emergencia no. 2: nombre y parentesco — teléfono de contacto

Información médica

Otros detalles e información

## INFORMACIÓN DEL CONTACTO

Alumna/Alumno

Fecha de nacimiento

Nombre del padre

teléfono de contacto

Email de contacto

Nombre del madre

teléfono de contacto

Email de contacto

Contacto de emergencia no. 1: nombre y parentesco — teléfono de contacto

Contacto de emergencia no. 2: nombre y parentesco — teléfono de contacto

Información médica

Otros detalles e información

## INFORMACIÓN DEL CONTACTO

Alumna/Alumno

Fecha de nacimiento

Nombre del padre

teléfono de contacto

Email de contacto

Nombre del madre

teléfono de contacto

Email de contacto

Contacto de emergencia no. 1: nombre y parentesco — teléfono de contacto

Contacto de emergencia no. 2: nombre y parentesco — teléfono de contacto

Información médica

Otros detalles e información

# INFORMACIÓN DEL CONTACTO

Alumna/Alumno

Fecha de nacimiento

Nombre del padre

teléfono de contacto

Email de contacto

Nombre del madre

teléfono de contacto

Email de contacto

Contacto de emergencia no. 1: nombre y parentesco — teléfono de contacto

Contacto de emergencia no. 2: nombre y parentesco — teléfono de contacto

Información médica

Otros detalles e información

# INFORMACIÓN DEL CONTACTO

Alumna/Alumno

Fecha de nacimiento

Nombre del padre

teléfono de contacto

Email de contacto

Nombre del madre

teléfono de contacto

Email de contacto

Contacto de emergencia no. 1: nombre y parentesco — teléfono de contacto

Contacto de emergencia no. 2: nombre y parentesco — teléfono de contacto

Información médica

## Otros detalles e información

# INFORMACIÓN DEL CONTACTO

Alumna/Alumno

Fecha de nacimiento

Nombre del padre

teléfono de contacto

Email de contacto

Nombre del madre

teléfono de contacto

Email de contacto

Contacto de emergencia no. 1: nombre y parentesco        teléfono de contacto

Contacto de emergencia no. 2: nombre y parentesco        teléfono de contacto

Información médica

Otros detalles e información

## INFORMACIÓN DEL CONTACTO

Alumna/Alumno

Fecha de nacimiento

Nombre del padre

teléfono de contacto

Email de contacto

Nombre del madre

teléfono de contacto

Email de contacto

Contacto de emergencia no. 1: nombre y parentesco — teléfono de contacto

Contacto de emergencia no. 2: nombre y parentesco — teléfono de contacto

Información médica

Otros detalles e información

# INFORMACIÓN DEL CONTACTO

Alumna/Alumno

Fecha de nacimiento

Nombre del padre

teléfono de contacto

Email de contacto

Nombre del madre

teléfono de contacto

Email de contacto

Contacto de emergencia no. 1: nombre y parentesco — teléfono de contacto

Contacto de emergencia no. 2: nombre y parentesco — teléfono de contacto

Información médica

Otros detalles e información

# 🏫 INFORMACIÓN DEL CONTACTO

Alumna/Alumno: 

Fecha de nacimiento: 

Nombre del padre: 

teléfono de contacto: 

Email de contacto: 

Nombre del madre: 

teléfono de contacto: 

Email de contacto: 

Contacto de emergencia no. 1: nombre y parentesco          teléfono de contacto

Contacto de emergencia no. 2: nombre y parentesco          teléfono de contacto

Información médica

Otros detalles e información

# INFORMACIÓN DEL CONTACTO

Alumna/Alumno

Fecha de nacimiento

Nombre del padre

teléfono de contacto

Email de contacto

Nombre del madre

teléfono de contacto

Email de contacto

Contacto de emergencia no. 1: nombre y parentesco

teléfono de contacto

Contacto de emergencia no. 2: nombre y parentesco

teléfono de contacto

Información médica

Otros detalles e información

# INFORMACIÓN DEL CONTACTO

Alumna/Alumno

Fecha de nacimiento

Nombre del padre

teléfono de contacto

Email de contacto

Nombre del madre

teléfono de contacto

Email de contacto

Contacto de emergencia no. 1: nombre y parentesco — teléfono de contacto

Contacto de emergencia no. 2: nombre y parentesco — teléfono de contacto

Información médica

Otros detalles e información

# INFORMACIÓN DEL CONTACTO

Alumna/Alumno

Fecha de nacimiento

Nombre del padre

teléfono de contacto

Email de contacto

Nombre del madre

teléfono de contacto

Email de contacto

Contacto de emergencia no. 1: nombre y parentesco — teléfono de contacto

Contacto de emergencia no. 2: nombre y parentesco — teléfono de contacto

Información médica

Otros detalles e información

# INFORMACIÓN DEL CONTACTO

Alumna/Alumno

Fecha de nacimiento

Nombre del padre

teléfono de contacto

Email de contacto

Nombre del madre

teléfono de contacto

Email de contacto

Contacto de emergencia no. 1: nombre y parentesco — teléfono de contacto

Contacto de emergencia no. 2: nombre y parentesco — teléfono de contacto

Información médica

Otros detalles e información

# INFORMACIÓN DEL CONTACTO

Alumna/Alumno

Fecha de nacimiento

Nombre del padre

teléfono de contacto

Email de contacto

Nombre del madre

teléfono de contacto

Email de contacto

Contacto de emergencia no. 1: nombre y parentesco — teléfono de contacto

Contacto de emergencia no. 2: nombre y parentesco — teléfono de contacto

Información médica

## Otros detalles e información

# INFORMACIÓN DEL CONTACTO

Alumna/Alumno

Fecha de nacimiento

Nombre del padre

teléfono de contacto

Email de contacto

Nombre del madre

teléfono de contacto

Email de contacto

Contacto de emergencia no. 1: nombre y parentesco — teléfono de contacto

Contacto de emergencia no. 2: nombre y parentesco — teléfono de contacto

Información médica

Otros detalles e información

# INFORMACIÓN DEL CONTACTO

Alumna/Alumno

Fecha de nacimiento

Nombre del padre

teléfono de contacto

Email de contacto

Nombre del madre

teléfono de contacto

Email de contacto

Contacto de emergencia no. 1: nombre y parentesco — teléfono de contacto

Contacto de emergencia no. 2: nombre y parentesco — teléfono de contacto

Información médica

Otros detalles e información

## 🏫 INFORMACIÓN DEL CONTACTO

Alumna/Alumno

Fecha de nacimiento

Nombre del padre

teléfono de contacto

Email de contacto

Nombre del madre

teléfono de contacto

Email de contacto

Contacto de emergencia no. 1: nombre y parentesco — teléfono de contacto

Contacto de emergencia no. 2: nombre y parentesco — teléfono de contacto

Información médica

Otros detalles e información

# INFORMACIÓN DEL CONTACTO

Alumna/Alumno:

Fecha de nacimiento:

Nombre del padre:

teléfono de contacto:

Email de contacto:

Nombre del madre:

teléfono de contacto:

Email de contacto:

Contacto de emergencia no. 1: nombre y parentesco — teléfono de contacto

Contacto de emergencia no. 2: nombre y parentesco — teléfono de contacto

Información médica

Otros detalles e información

# INFORMACIÓN DEL CONTACTO

Alumna/Alumno

Fecha de nacimiento

Nombre del padre

teléfono de contacto

Email de contacto

Nombre del madre

teléfono de contacto

Email de contacto

Contacto de emergencia no. 1: nombre y parentesco          teléfono de contacto

Contacto de emergencia no. 2: nombre y parentesco          teléfono de contacto

Información médica

Otros detalles e información

www.ingramcontent.com/pod-product-compliance
Lightning Source LLC
LaVergne TN
LVHW060142080526
838202LV00049B/4058